GALERIE

de

SAINT BRUNO

peinte

PAR LESUEUR

RÉDUCTION

DES EAUX-FORTES DE CHAUVEAU

Reproduction en Photocollographie

1892

LA VIE
DE
S.t BRUNO
FONDATEUR DE L'ORDRE
DES CHARTREUX
PEINTE
AU CLOISTRE DE LA CHARTREUSE
DE PARIS
PAR EUSTACHE LE SUEUR
Peintre ordinaire du Roy
GRAVÉE
PAR FRANÇOIS CHAUVEAU
DE L'ACADEMIE ROYALLE
DE PEINTURE ET SCULPTURE

AUX VENERABLES PERES

PRIEUR ET RELIGIEUX

DE LA CHARTREUSE

DE PARIS

MES VENERABLES PERES,

Les Peintures qui sont dans vostre cloistre, ont par leur beauté fait naistre l'envie a un habile homme de les graver, et les planches m'en estant tombées entre les mains j'ay cru ne pouvoir mieux faire que de les mettre au jour sous vos auspices. Mon dessein n'a point esté de rendre en cecy la Vie de S. Bruno publique, elle est trop connüe de tout le monde, et les Religieux de son Ordre en sont tous des images vivantes. J'ay pensé seulement qu'on ne seroit pas fasché de voir cette Histoire dans un nouveau lustre, et que ce qui attire les yeux de l'esprit pourroit encore devenir uniquement ceux du corps. Car ces Tableaux sont de la main de l'Illustre le Sueur l'un des plus beaux Genies que la France ait jamais produit, et que l'art ait cultivé plus soigneusement. La grandeur de ses dispositions, la delicatesse et la correction de son dessein, la noblesse et la naiveté de ses expressions, et sa maniere de draper grande et simple tous ensemble feroient croire que Raphael auroit pris plus de soin de l'instruire a Rome que Vouet n'a fait a Paris. Et dans la verité, si la mort ne l'avoit point surpris a l'age de 38. ans comme il achevoit cet Ouvrage. Et qu'il eut eu les beaux secrets de peindre en Italie, il se seroit acquis une gloire immortelle dans tout le monde. C'est ainsi qu'on en juge par les tableaux qu'il nous a laissé, mais particulierement par ceux de la Vie de S. Bruno, que j'ay l'honneur de vous presenter, et qu'il a peints avec tous les soins dont il estoit capable. Cette Vie admirable, qui devient aujourd'huy nouvelle par la maniere sçavante dont le Peintre la representée, est un bien dans l'Ordre qui n'a esté commun jusquicy qu'aux Religieux de Paris, et j'ay cru que vous ne desapprouveriez pas le dessein que j'ay d'en faire part a tous ceux de l'Europe. Mais avant de partir, cet Ouvrage demande vostre agrement et vostre protection, qui doivent luy donner, pour ainsi dire, la derniere main, et luy procurer un bon accueil non seulement de tous les Chartreux, mais encore de tous les Fideles. Je vous supplie tres-humblement de luy accorder cette grace, et a moy celle de me croire,

MES VENERABLES PERES,

Vostre tres humble et tres obeissant serviteur, Coussinet

De l'Ordre des Chartreux veux-tu voir l'origine ?
Chez ce fameux Docteur emprunte des clartés,
Et si tu l'éblouis de sa fausse doctrine,
Sa bière t'apprendra d'affreuses vérités.

Une fièvre l'abat, la mort presse, il expire.
On le conduit en pompe où l'attendent les vers,
Et ce feu qui pour lui consume tant de cire
N'est que l'avant-coureur de celui des Enfers.

A trois fois il le prêche, et d'une voix horrible
Au Dieu qui l'y condamne il sert de truchement,
D'un souverain si juste, hélas ! et si terrible
Qui ne doit après lui craindre le jugement ?

Bruno saisi d'horreur en larmes se distille,
Larmes, que d'un ami produit l'étrange sort,
Et qui vont faire naître en un désert stérile
Mille enfants bienheureux d'une si triste mort.

Ambitieux savoir, n'étalez plus vos charmes,
Ce que n'a pu l'école, un antre le promet ;
Et l'ombre qu'à ses pas attachent ses alarmes
Pour l'élever à Dieu, tout à Dieu se soumet.

N'y va pas seul, Bruno, six autres vont te suivre
Dans toute l'âpreté des plus sauvages lieux :
Six à qui, comme à toi, ce mort apprend à vivre,
Et du fond de l'abîme ouvre un chemin aux cieux.

Mais qui te montrera ces monts inaccessibles,
Ces roches que tu dois ériger en autels ?
Trois Anges que pour toi le sommeil rend visibles
Le Ciel ne doit pas moins à des Anges mortels.

L'abandon de leurs biens qu'aux pauvres ils départent
Commence en eux du monde un glorieux mépris ;
Ils en brisent la chaîne, et d'un pied libre ils partent,
Pour acquérir ailleurs des biens d'un autre prix.

Ouvre-leur, saint Prélat, ils frappent à ta porte,
Ces hôtes dont te parle un mystique sommeil :
Et sept astres en vain leur serviraient d'escorte,
Si pour les éclairer ils n'avaient un soleil.

Quel besoin toutefois qu'à leur route ils président ?
On ne peut s'égarer marchant sous tes drapeaux,
Et si dans ces déserts d'épaisses nuits résident,
C'est pour croître l'éclat de ces astres nouveaux.

Soudain roche sur roche en géants on entasse,
Sans craindre le destin de ces audacieux :
Quand on a pour complice un essort de la grâce,
C'est un saint attentat qu'escalader les cieux.

L'habit blanc que tous sept prennent de leur saint guide
Marque cette candeur à l'épreuve des temps,
Cette innocence pure, éclatante, rigide,
Que n'ont pu relâcher ni ternir six cents ans.

Courage, fils aînés de cet Ordre sévère :
Ce qu'inspire le Ciel ne saurait avorter ;
Rome a votre naissance a fourni d'un bon père,
Et Bruno fournira de quoi vous allaiter.

Mais quoi ! de ses vertus l'heureux bruit vous l'arrache
Le nouveau Pape Urbain veut l'avoir à son tour,
Va, Bruno, la retraite en ces rochers te cache,
Et saura te cacher au milieu de sa Cour.

Il te voit du Saint Siège, ou cœur comme son maître ;
Tu lui baises les pieds lorsqu'il te tend les bras,
Et les humilités que tu lui fais paraître
T'attirent des honneurs, où tu n'aspires pas.

Plus la grandeur te cherche, et plus tu te ravales.
Il t'impose une mitre, elle te fait trembler.
Loin, dis-tu, loin de moi ces dignités fatales,
Dont le brillant fardeau me pourrait accabler.

Bruno fuit en Calabre, une sombre montagne
Y dérobe sa fuite au reste des humains.
C'est de là que sa force, ô Rome, l'accompagne,
Dès qu'en nouveau Moïse il lève au Ciel les mains.

Que sert d'être enfermé dans une grotte obscure ?
Une meute y conduit un illustre chasseur.
Prince, bénis le Ciel d'une telle aventure,
Tu veux prendre ta proie, et Bruno prend ton cœur.

Tu lui fais des présents, il te sauve la vie ,
Et lorsque pour te perdre un traître vend sa foi,
Il te révèle en songe une si noire envie,
Et durant ton repos son ombre agit pour toi.

Il meurt. Laisse-moi voir cette douleur profonde,
Ces larmes, saint troupeau, qui coulent de tes yeux.
D'une bière il apprit qu'il faut mourir au monde,
D'une bière il t'apprend à vivre pour les cieux.

Anges, vous l'y portez au moment qu'il vous quitte :
Par les mêmes sentiers il y faut arriver.
Plus nous avons sur terre amassé de mérites,
Plus son poids vers le Ciel aide a nous élever.

SOUVENIR

DE

LA CHARTREUSE

Imprimerie N.-D. des Prés. — Ern. Duquat, directeur.
Neuville-sous-Montreuil (Pas-de-Calais).

www.ingramcontent.com/pod-product-compliance
Ingram Content Group UK Ltd.
Pitfield, Milton Keynes, MK11 3LW, UK
UKHW031835170726
13836UKWH00004B/1705